Selvakumar Thakshnamurthy

Sistema de Gestão de Crimes (CMS)

Selvakumar Thakshnamurthy

Sistema de Gestão de Crimes (CMS)

ScienciaScripts

Imprint

Cover image: www.ingimage.com

This book is a translation from the original published under ISBN 978-620-7-65424-6.

Publisher:
Sciencia Scripts
is a trademark of
Dodo Books Indian Ocean Ltd. and OmniScriptum S.R.L publishing group

120 High Road, East Finchley, London, N2 9ED, United Kingdom
Str. Armeneasca 28/1, office 1, Chisinau MD-2012, Republic of Moldova, Europe
Printed at: see last page
ISBN: 978-620-7-87780-5

RECONHECIMENTO

Em primeiro lugar, quero agradecer sinceramente à minha mulher por me ter dado apoio moral para realizar este projeto.

Agradeço também sinceramente ao Todo-Poderoso, que derramou as suas bênçãos para que este projeto fosse concluído de uma forma correcta e com uma boa preocupação, sem o que não teria sido concluído com êxito.

Expresso os meus sinceros agradecimentos ao **Dr. G. MOHANRAM, M.Com., Ph.D.**, da Universidade de Madras, que me deu a oportunidade de desenvolver as minhas capacidades de programação através da realização do projeto final. Expresso também os meus agradecimentos à minha supervisora de projeto, **Sra. S. Sasikala, M.C.A., M. Phil**, Coordenadora, Universidade de Madras, pela sua valiosa orientação e encorajamento em cada uma das fases do meu trabalho de projeto e exprimo os meus agradecimentos ao **Sr. S. Perumal, M.Sc., M. Phil**, responsável pelo meu projeto, pela sua completa orientação e valioso encorajamento em cada uma das fases do meu trabalho de projeto.

Agradeço também ao meu amigo, Sr. Rajasekar, Diretor (Lotus Infoserve), que foi a raiz e a força para desenvolver este projeto.

Agradeço a todos os meus familiares e amigos pelo seu valioso apoio e orientação durante o período do projeto.

ÍNDICE

INTRODUÇÃO

1. INTRODUÇÃO

1.1 Perfil da organização

Lotus Infoserve - uma empresa de software de nova geração que compreende o negócio e o resultado final. Escolhemos um modelo estratégico global que combina o melhor do desenvolvimento de software onshore e offshore para fornecer serviços e produtos de qualidade superior aos nossos clientes a um custo acessível.

As nossas equipas de profissionais altamente qualificados trabalham 24 horas por dia para garantir a entrega atempada das nossas aplicações. Fornecemos soluções que se adaptam ao seu orçamento e calendário, para que possa reduzir o tempo de colocação no mercado. Dezenas de clientes satisfeitos passaram a confiar e a depender da Lotus Infoserve para fornecer as soluções de que precisam para fazer avançar os seus negócios com confiança.

Quem somos

A visão da Lotus Infoserve é alcançar a liderança global em serviços de TI, fornecendo soluções de TI de valor acrescentado e de alta qualidade aos nossos clientes em segmentos horizontais e verticais seleccionados, combinando competências tecnológicas, conhecimentos especializados, focalização nos processos e um compromisso com relações de longo prazo com os clientes.

O que fazemos

A Lotus Infoserve fornece serviços de TI de alta qualidade, fiáveis e económicos a clientes de todo o mundo. Fornecemos serviços tecnológicos de classe mundial, explorando e implementando constantemente soluções inovadoras que geram valor a longo prazo para os nossos clientes. Como líderes do sector, introduzimos centros de desenvolvimento offshore, fomos pioneiros em estruturas de suporte e desenvolvimento "follow the sun", garantindo prazos de entrega reduzidos.

A nossa identidade

Uma organização global com experiência em diversos sectores verticais da indústria e práticas tecnológicas, a Lotus Infoserve combina atualmente a flexibilidade de uma pequena empresa com a estabilidade de uma grande empresa.

Através da cultura de cuidado e carinho que criámos diligentemente ao longo dos anos, garantimos que os nossos colaboradores adquirem uma experiência holística a todos os níveis.
O nosso ambiente de trabalho colaborativo leva cada aluno a ultrapassar as suas funções definidas e a destacar-se nas suas capacidades individuais.

Se procura um ambiente enérgico, desafiante e gratificante, então a Lotus Infoserve é o lugar certo. Explore esta secção para saber como pode fazer parte da visão da Lotus Infoserve para o futuro.

Na Lotus Infoserve, estamos concentrados em otimizar os investimentos dos nossos clientes em Tecnologias de Informação.

Ajudamos os clientes a imaginar e a moldar o seu futuro em torno dos principais factores de tecnologia, produtividade e rentabilidade.

Liderança em qualidade

As metodologias e processos robustos da Lotus Infoserve consolidam décadas de experiência em desenvolvimento e manutenção de software, no fornecimento e suporte de aplicações e produtos empresariais.

As nossas estruturas de processos maduros reduzem efetivamente o risco e a imprevisibilidade ao longo do ciclo de vida do desenvolvimento de software e integram-se de forma flexível nos processos dos nossos clientes.
Alianças estratégicas

Para fornecer aos nossos clientes as melhores soluções tecnológicas do mercado, desenvolvemos relações com os principais fornecedores de soluções de software.

Gestão do conhecimento

Na Lotus Infoserve, acreditamos em "saber o que sabemos e lucrar com isso". Por isso, canalizamos as nossas energias para gerar valor a partir dos nossos activos intelectuais e baseados no conhecimento.

A nossa Iniciativa de Gestão do Conhecimento (KMI) centra-se na obtenção de um desempenho individual e empresarial sustentado através da sinergia de pessoas, processos e tecnologia, e da aprendizagem contínua, desaprendizagem e adaptação.

- Fomentar a inovação, incentivando o livre fluxo de ideias.
- Reduzir os prazos de entrega e melhorar a produtividade inicial dos novos membros da equipa de projeto.
- Reduzir o custo da aquisição e retenção de conhecimentos através de poderosas ferramentas de colaboração e pesquisa.
- Tirar partido de componentes reutilizáveis para poupar tempo e custos.

Simplifique as operações e reduza os custos eliminando processos redundantes ou desnecessários.

Crescimento

A formação de futuros líderes é fundamental para o sucesso de qualquer organização. Em linha com esta visão, criámos vários programas que ajudam a alinhar as aspirações individuais com a visão da empresa.

Por exemplo, o LEAF (Leadership Excellence at Lotus Infoserve) é um quadro concebido para identificar as competências de liderança para cada função na organização.

Através deste modelo de liderança, identificamos as competências necessárias aos líderes da Lotus Infoserve nos vários níveis da empresa.

Trabalhar na Lotus Infoserve

As nossas relações sustentadas com as principais empresas da Fortune 500 e as parcerias com os principais fornecedores de aplicações ajudaram-nos a desenvolver capacidades e conhecimentos especializados em diferentes domínios numa vasta gama de regiões geográficas em todo o mundo.

Os nossos funcionários estão expostos a uma enorme variedade de projectos globalmente desafiantes em diversas práticas comerciais e tecnológicas.

Cada projeto oferece oportunidades únicas para melhorar os processos empresariais com a ajuda da tecnologia.

Escritório da empresa

Lotus Infoserve, Índia

1.2 Descrição geral do projeto

O Sistema de Gestão da Criminalidade (SGC) é a chave para o êxito de uma investigação criminal. É o gatilho que põe em marcha o mecanismo de investigação de um determinado crime. É interessante notar, no entanto, que o termo "Primeira informação" não é mencionado no código. Diz apenas "informações registadas nos termos da secção 154".

Os dados a registar no CMS são exaustivos. Contém a data e a hora em que a informação foi prestada, a esquadra de polícia onde foi registada, o local, a data e a hora em que a infração foi cometida, os nomes das pessoas que cometeram a infração, as disposições prováveis do Código Penal indiano ou de qualquer outra lei ao abrigo das quais as infracções são puníveis, as informações pormenorizadas, o nome e o endereço do informador e as medidas tomadas.

Do ponto de vista do informador, o CMS tem por objetivo desencadear o direito penal, enquanto que, para o investigador, tem por objetivo recolher informações sobre a infração, a fim de tomar as medidas adequadas para prender o autor da infração. Funciona como um livro de registo.

A lei é clara e tem sido reforçada pelas decisões dos tribunais. Mesmo que a informação relativa a um crime seja recebida por telefone, e mesmo que a chamada seja anónima, tem de ser registada por escrito como um CMS (Criminal Law Journal 1980, p. 1397). Mas isto não significa que qualquer informação vaga ou enigmática possa ser tratada como informação para registar um CMS. A questão de saber se se trata ou não de uma "primeira informação" é essencialmente uma questão de facto, dependendo das circunstâncias de cada caso. Por conseguinte, para determinar se um relatório corresponde ou não a um CMS, deve ter-se em conta o seguinte

1. Não deve ser vago ou indefinido, mas sim fornecer factos que demonstrem a prática de uma infração cognoscível que permita à polícia, ou dar um cheiro que permita à polícia iniciar a investigação.
2. Pode ser entregue a qualquer pessoa, não apenas à pessoa lesada ou a alguém em seu nome.
3. Não precisa de nomear ninguém como autor ou testemunha, nem de indicar as circunstâncias da prática do crime. É simplesmente a primeira informação que põe a polícia em ação.

O assunto tem de ser registado no diário geral ou no diário da estação e o SCC tem de ser enviado ao magistrado local para registo nos tribunais. A omissão de informações no diário da estação não vicia necessariamente o julgamento, mas terá uma influência importante se a data e a hora da apresentação do SCC forem postas em causa durante o julgamento.

O CMS é um elemento de prova extremamente valioso e vital num processo penal.

SISTEMA ANÁLISE

2. ANÁLISE DO SISTEMA

2.1 Sistema de viabilidade

Depois de o problema ser claramente compreendido, o passo seguinte é testar a viabilidade do projeto. É necessário determinar se o resultado da investigação preliminar é viável. É necessário testar se o desenvolvimento do projeto é viável no que diz respeito à organização.

O estudo de viabilidade deve ser efectuado com base em vários critérios e parâmetros. Os vários estudos de viabilidade são:

2.1 Viabilidade operacional
2.2 Viabilidade técnica
2.3 Viabilidade económica

➢ Viabilidade operacional

A viabilidade operacional refere-se à viabilidade de o produto estar operacional. Abrange os aspectos técnicos e a aceitação na organização. Alguns produtos podem funcionar muito bem na conceção e na implementação, mas podem falhar no ambiente em tempo real. Inclui o estudo dos recursos humanos adicionais necessários e das suas competências técnicas.

➢ Viabilidade técnica

A viabilidade técnica indica se o projeto proposto é tecnicamente possível de criar com o software e o hardware existentes. Esta avaliação determina se a tecnologia necessária para o sistema proposto está disponível e como pode ser integrada na organização. Uma vez que o projeto proposto pode ser desenvolvido com o software disponível, é tecnicamente viável.

➢ Viabilidade económica

A viabilidade económica diz respeito ao retorno dos investimentos num projeto. Refere-se aos benefícios ou resultados que estamos a obter do produto em comparação com o custo total que estamos a gastar no desenvolvimento do produto. Se os benefícios forem inferiores ao projeto mais antigo, então não é viável desenvolver o produto.

Tratamento de projectos inviáveis

Nem todos os projectos apresentados para avaliação e revisão são considerados aceitáveis. Por vezes, falham e não são prosseguidos. Em alguns casos, as investigações preliminares produzem informações novas suficientes para sugerir melhorias na gestão e supervisão, mas não o desenvolvimento de projectos de informação que constituam soluções reais para problemas repetidos.

2.2 Sistema atual

O sistema atual é manual. Todas as informações são mantidas nos registos, pelo que é necessário mais tempo para procurar os dados de um determinado criminoso no registo. O tratamento manual consome muito tempo, tornando o relatório de dados um processo fastidioso. O fator tempo é uma desvantagem importante do sistema existente. Não ajudará a administração a resolver o problema a tempo.

INCONVENIENTES DO SISTEMA ACTUAL

- Trabalhos manuais.
- A segurança da informação é reduzida.
- Muito tempo consumido.
- Necessita de muita mão de obra.
- Ocorrência frequente de erros.
- Os cálculos são difíceis.

2.4 Sistema proposto

Os inconvenientes que se verificam no sistema atual podem ser eliminados com o sistema proposto. O principal objetivo do sistema existente é proporcionar uma interface de fácil utilização. O sistema proposto informatiza agora todos os pormenores que são mantidos manualmente. Uma vez que os dados são introduzidos no computador, não é necessário que várias pessoas se ocupem de secções separadas. Basta uma única pessoa para atualizar todos os relatórios. A segurança também pode ser dada de acordo com as necessidades dos utilizadores.

Vantagens do sistema proposto

- Podem ser armazenados grandes volumes de dados com o Case.
- A segurança é garantida.
- A manutenção do ficheiro é flexível.
- Os registos armazenados são actualizados de vez em quando.
- Os dados e procedimentos armazenados podem ser facilmente editados.
- Podem ser gerados relatórios com o caso.
- São efectuados cálculos exactos.
- Menos mão de obra necessária

SISTEMA CONFIGURAÇÃO

3. CONFIGURAÇÃO DO SISTEMA

3.1 Configuração do hardware

Processador	:	Core 2 Duo
Ram	:	1 GB
Unidade de disquete	:	1,44 MB
Teclado	:	Mercury 108 teclas
Rato		Rato Logitech
Plataforma		Windows XP

3.2 Configuração do software

Sistema operativo	:	Windows XP
Extremidade dianteira	:	VB.NET 2005
Parte traseira	:	MS-Access
Servidor Web	:	Servidor de Informação
Internet		
Documentação	:	MS-Word

3.3 Acerca do software

Introdução ao VB.Net

O .NET Framework é uma nova plataforma informática que simplifica o desenvolvimento de aplicações no ambiente altamente distribuído da Internet. O .NET Framework foi concebido para cumprir os seguintes objectivos:

Fornecer um ambiente de programação orientado para objectos consistente, quer o código do objeto seja armazenado e executado localmente, executado localmente mas distribuído pela Internet, ou executado remotamente.

Fornecer um ambiente de execução de código que minimize a implementação de software e os conflitos de versão.

Fornecer um ambiente de execução de código que garanta a execução segura de código, incluindo código criado por um terceiro desconhecido ou semi-confiável.

Fornecer um ambiente de execução de código que elimine os problemas de desempenho dos ambientes com script ou interpretados.

Para tornar a experiência do programador consistente em tipos de aplicações muito diferentes, como aplicações baseadas no Windows e aplicações baseadas na Web.

Construir todas as comunicações com base em normas do sector para garantir que o código baseado no .NET Framework se pode integrar com qualquer outro código.

O .NET Framework tem dois componentes principais: o tempo de execução da linguagem comum e a biblioteca de classes do .NET Framework. O tempo de execução da linguagem comum é a base do .NET Framework. Pode pensar no tempo de execução como um agente que gere o código em tempo de execução, fornecendo serviços essenciais, como a gestão da memória, a gestão de threads e a comunicação remota, ao mesmo tempo que impõe uma segurança de tipos rigorosa e outras formas de precisão do código que garantem a segurança e a robustez. De facto, o conceito de gestão do código é um princípio fundamental do tempo de execução. O código que tem como alvo o tempo de execução é conhecido como código gerenciado, enquanto o código que não tem como alvo o tempo de execução é conhecido como código não gerenciado. A biblioteca de classes, o outro componente principal do .NET Framework, é uma coleção abrangente e orientada para objectos de tipos reutilizáveis que pode utilizar para desenvolver aplicações que vão desde as tradicionais aplicações de linha de comandos ou de interface gráfica do utilizador (GUI) até às aplicações baseadas nas mais recentes inovações fornecidas pelo ASP.NET, como Web Forms e serviços Web XML.

O .NET Framework pode ser alojado por componentes não geridos que carregam o tempo de execução da linguagem comum nos seus processos e iniciam a execução de código gerido, criando assim um ambiente de software que pode explorar funcionalidades geridas e não geridas. O .NET Framework não só fornece vários hospedeiros de tempo de execução, como também suporta o desenvolvimento de hospedeiros de tempo de execução de terceiros.

Biblioteca de classes do .NET Framework

A biblioteca de classes do .NET Framework é uma coleção de tipos reutilizáveis que se integram perfeitamente com o tempo de execução da linguagem comum. A biblioteca de classes é orientada para objectos, fornecendo tipos a partir dos quais o seu próprio código gerido pode derivar funcionalidades. Isto não só torna os tipos do .NET Framework fáceis de utilizar, como também reduz o tempo associado à aprendizagem de novas funcionalidades do .NET Framework

Além disso, os componentes de terceiros podem integrar-se perfeitamente com as classes do .NET Framework.

Por exemplo, as classes de coleção do .NET Framework implementam um conjunto de interfaces que pode utilizar para desenvolver as suas próprias classes de coleção. As suas classes de coleção irão misturar-se perfeitamente com as classes do .NET Framework.

Como seria de esperar de uma biblioteca de classes orientada para objectos, os tipos do .NET Framework permitem-lhe realizar uma série de tarefas de programação comuns, incluindo tarefas como a gestão de cadeias de caracteres, a recolha de dados, a conetividade com bases de dados e o acesso a ficheiros. Para além destas tarefas comuns, a biblioteca de classes inclui tipos que suportam uma variedade de cenários de desenvolvimento especializados. Por exemplo, pode utilizar o .NET Framework para desenvolver os seguintes tipos de aplicações e serviços:

Aplicações de consola.
Aplicações com script ou hospedadas.
Aplicações Windows GUI (Windows Forms).
Aplicações ASP.NET.
Serviços Web XML.
Serviços do Windows.

Vantagens:

- **Flexibilidade**

Não estamos dependentes de um determinado software que pode não estar disponível para si.

- **Compreensão mais profunda**

Terá um conceito muito melhor da estrutura da sua página e compreenderá porque funciona da forma que funciona, porque constrói a página a partir do zero.

- **Resolução de problemas**

Uma vez que escreveu o VB.Net, poderá solucionar problemas de forma eficiente e ter uma ideia melhor das técnicas a tentar se algumas coisas não estiverem a funcionar.

- **Preço**

A utilização do VB.Net não lhe custa um cêntimo. Não há licenças caras para comprar e não há atualizações irritantes para comprar.

Introdução ao MS-Access

Chegou à nossa página inicial de Tutoriais e Sugestões de Consultas SQL. Esta página fornece uma introdução e um resumo de cada uma das nossas consultas Access.

Os exemplos de SQL do Access vão desde comandos de consulta simples, como inserir, atualizar e eliminar, até conceitos mais avançados, como uniões e substituição dinâmica de código.

No menu do lado direito, encontrará ligações para os exemplos de consultas específicas. Em baixo, encontrará resumos de tópicos de exemplo e excertos dos exemplos mais populares.

O nosso objetivo aqui é dar-lhe a informação necessária para criar uma base de dados Access superior através do uso de uma sólida codificação de consultas SQL. Ao mesmo tempo, esperamos que considere para o seu próximo projeto ou que nos contrate para o ajudar a ultrapassar tarefas de programação difíceis no seu projeto atual.

Um pouco de história da SQL: Structured Query Language é uma linguagem de programação desenvolvida na IBM Corporation durante a década de 1970.

Também conhecida como SEQUEL (Structured English Query Language), esta linguagem foi concebida para permitir a recuperação e atualização de informações armazenadas em sistemas de gestão de bases de dados relacionais (SGBDR).

SISTEMA DESENHO

4. CONCEPÇÃO DO SISTEMA

A conceção do sistema desempenha um papel importante em qualquer desenvolvimento de software. É a pedra basilar de qualquer desenvolvimento de software. Na fase de conceção do sistema, é necessário identificar quais são os resultados pretendidos e, em seguida, quais são os inputs necessários para obter esses resultados. O dispositivo de armazenamento e a estrutura dos ficheiros têm de ser identificados e decididos.

4.1 SFD/DFD

FLUXOGRAMA DO SISTEMA

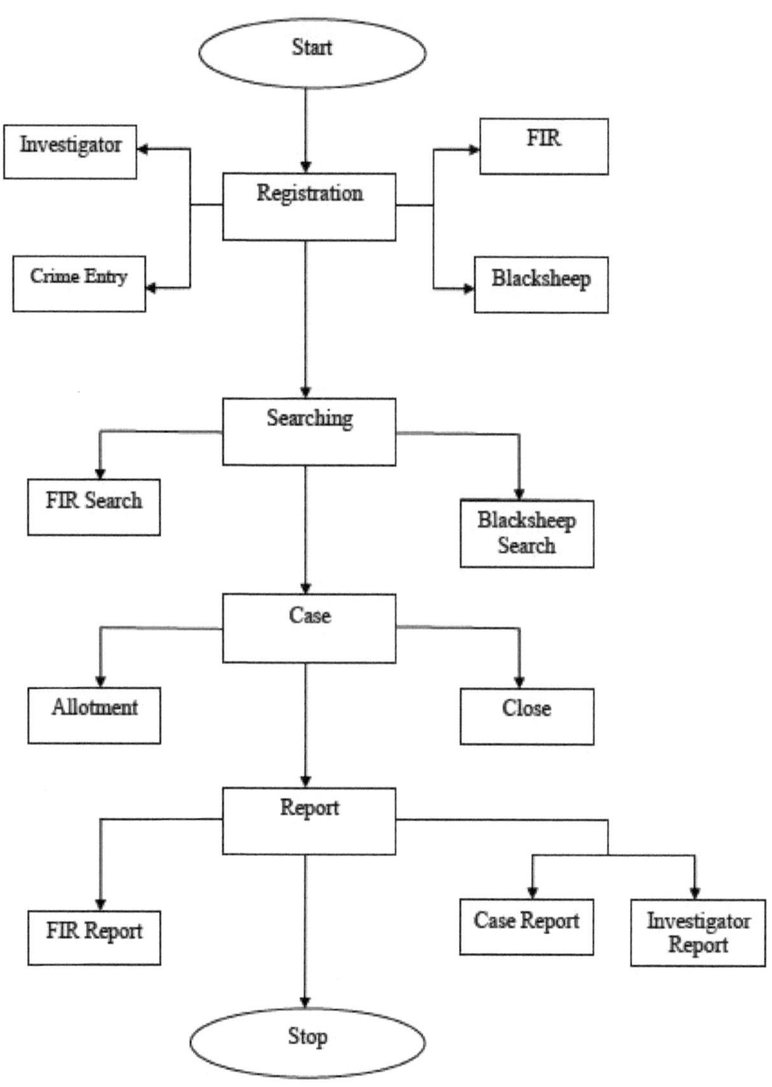

DIAGRAMA DE FLUXO DE DADOS

- **REGISTO (Nível: 0)**

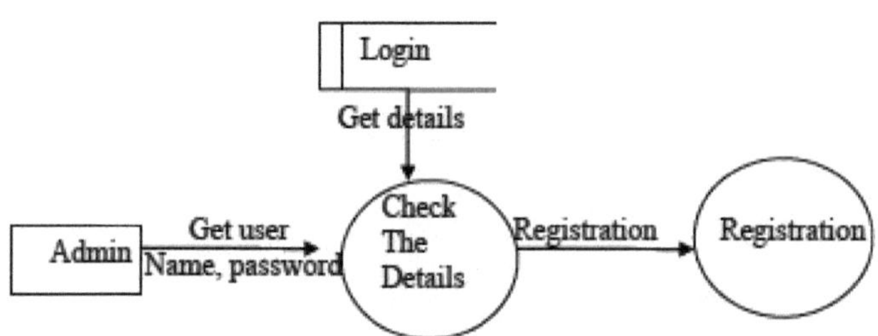

- **INSCRIÇÃO (Nível: 1)**

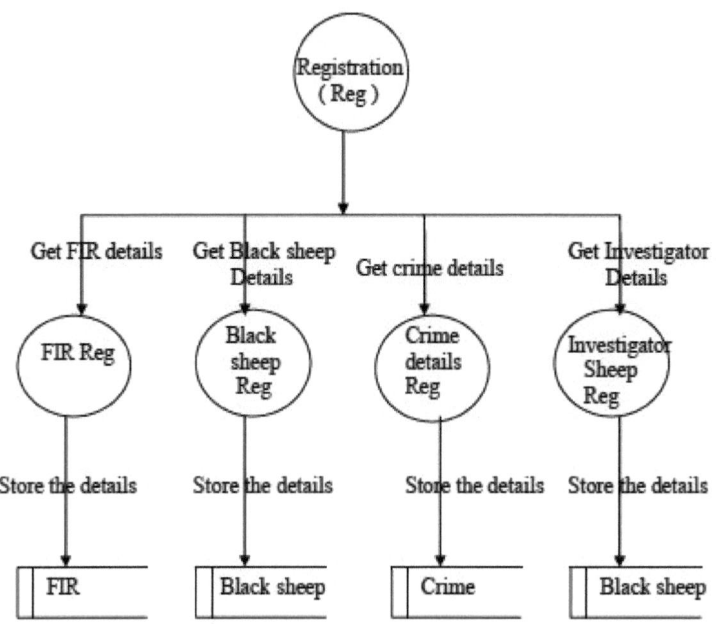

- **PESQUISA (Nível: 0)**

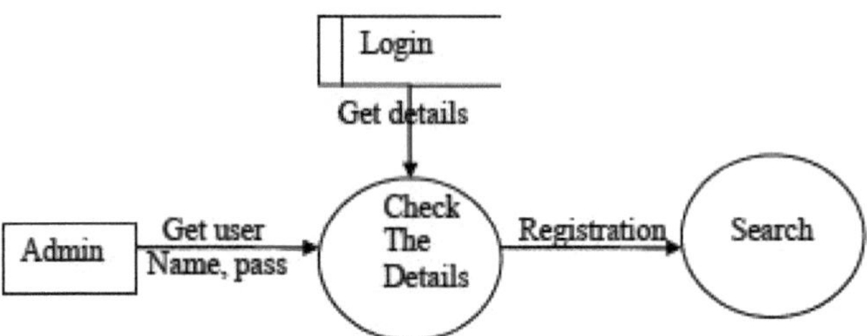

➢ **PESQUISA (Nível: 1)**

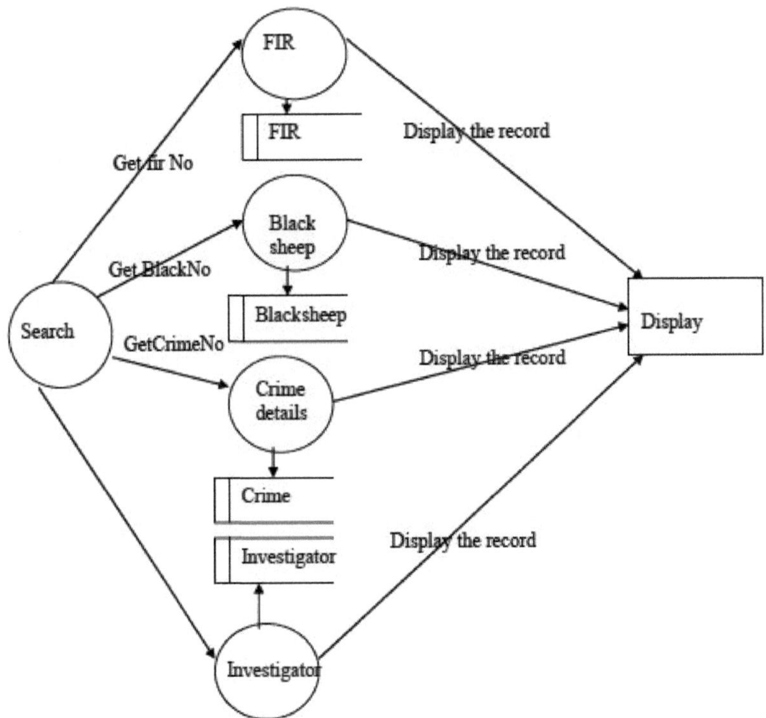

➢ **CASE(Nível: 0)**

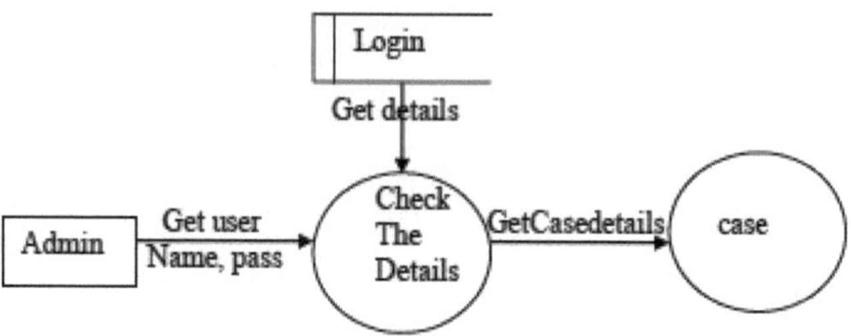

➢ **CASO(Nível: 1)**

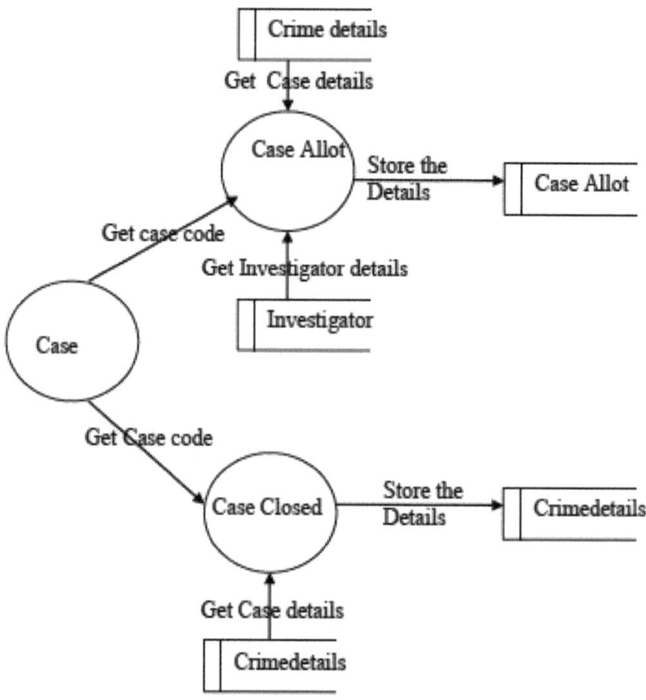

4.2 Conceção das entradas

A conceção das entradas é uma parte da conceção global do sistema. A conceção das entradas é feita de forma a satisfazer as necessidades do utilizador final. Há que ter o máximo cuidado para garantir a validade dos dados introduzidos. São utilizados vários ecrãs de entrada de dados para introduzir dados no sistema e para recuperar dados do sistema. Se os dados introduzidos no sistema forem incorrectos, o processamento e a saída serão ampliados pelos erros.

4.3 Conceção da mesa

TABELA : LOGIN

OBJECTIVO : DADOS DE ACESSO

NOME DO CAMPO	NULL?	TIPO DE DADOS
NOME DO UTILIZADOR		TEXTO
PALAVRA-PASSE		TEXTO

QUADRO : PRIMEIRA INFORMAÇÃO

OBJECTIVO : DETALHES DA PRIMEIRA INFORMAÇÃO

NOME DO CAMPO	NULL?	TIPO DE DADOS
FIRNO		TEXTO
DIST		TEXTO
OCC_DAY		DATA
OCC_PLACE		TEXTO
DIA_NO		NÚMERO
BEAT_NO		NÚMERO
FUNCIONÁRIO		TEXTO
ESTAÇÃO_EXTERIOR		TEXTO
ATRASO		TEXTO
DIA		DATA
ESTAÇÃO		TEXTO
DIA_FROM		DATA
DIA_TO		DATA
TIME_FROM		TEMPO

TIME_TO		TEMPO
INFORMAÇÕES		TEXTO
CRIME_SCN		TEXTO
CRIME_ADD		TEXTO
OBSERVAÇÃO		TEXTO

TABELA : CHUVA PRETA

OBJECTIVO : DETALHES DO BLACKSHEEP

NOME DO CAMPO	NULL?	TIPO DE DADOS
NOME		TEXTO
CÓDIGO	CHAVE PRIMÁRIA	TEXTO
DATA DE NASCIMENTO		DATA
SEXO		TEXTO
IDADE		NÚMERO
ESTADO CIVIL		TEXTO
ENDEREÇO		TEXTO
PRISTATUS		TEXTO
BSHIST		TEXTO
ESPECTRO		TEXTO
FAMÍLIA		TEXTO
FOTO		TEXTO

TABELA : INVESTIGADOR

OBJECTIVO : DADOS DO INVESTIGADOR

NOME DO CAMPO	NULL?	TIPO DE DADOS
CÓDIGO	CHAVE PRIMÁRIA	TEXTO
NOME		TEXTO
DATA DE NASCIMENTO		DATA
IDADE		NÚMERO
SEXO		TEXTO
MARITAL		TEXTO

DOJ		DATA
CADAR		TEXTO
ENDEREÇO		TEXTO
EMAIL		TEXTO

TABELA : CRIMINALIDADE

OBJECTIVO : DETALHES DA ENTRADA DO CRIME

NOME DO CAMPO	NULL?	TIPO DE DADOS
CÓDIGO		NÚMERO
NOME		TEXTO
DATA DE NASCIMENTO		DATA
IDADE		NÚMERO
SEXO		TEXTO
ENDEREÇO		TEXTO
TIPO		TEXTO
ARMA		TEXTO
DAT		TEXTO
LOCAL		TEXTO
ESTADO DO CASO		TEXTO
HISTÓRICO DO CRIME		TEXTO
ESTADO		NÚMERO
CÓDIGO PIN		NÚMERO
FOTOID		TEXTO

QUADRO : SALÁRIO

OBJECTIVO : DADOS SALARIAIS

NOME DO CAMPO	NULL?	TIPO DE DADOS
CÓDIGO	CHAVE PRIMÁRIA	TEXTO

NOME		TEXTO
DESENHO		TEXTO
DOJ		DATA
BÁSICO		NÚMERO
ALLO		NÚMERO
PF		NÚMERO
SEGUROS		NÚMERO
IMPOSTO		NÚMERO
BRUTO		DATA/HORA

TABELA : CASE_ALLOT

OBJECTIVO : DETALHES DE CASE_ALLOT

NOME DO CAMPO	NULL?	TIPO DE DADOS
CÓDIGO DE CASO		NÚMERO
DAT		DATA
TIPO		TEXTO
LOCAL		TEXTO
INS_CODE		TEXTO
NOME		TEXTO
CADAR		TEXTO
CASOS		TEXTO

4.4 Normalização

É uma teoria construída em torno do conceito de formas normais. Reduz a redundância.
A redundância é a repetição desnecessária de dados. Pode causar problemas com o armazenamento e a recuperação de dados. Durante o processo de normalização, podem ser identificadas dependências que podem causar problemas durante a eliminação e a atualização.

A teoria da normalização baseia-se na notação fundamental da dependência funcional.
A normalização ajuda a simplificar a estrutura das tabelas.

Suponhamos que, para uma entidade clientes, são necessários atributos como o número do cliente, o nome e o endereço.

Assim, pode perceber-se que, para um determinado número de cliente, só é possível um nome e um número.

Assim, diz-se que o atributo nome e endereço são funcionalmente dependentes do atributo número de cliente. Existem quatro níveis de normalização.

1. Primeira forma normal
2. Segunda forma normal
3. Terceira forma normal
4. Forma normal do código Boyce

PROJECTO DESCRIÇÃO

5. DESCRIÇÃO DO PROJECTO

Para enfrentar os desafios crescentes do ambiente empresarial dinâmico e complexo dos nossos dias, há uma necessidade crescente de ferramentas de gestão contemporâneas. Para enfrentar os desafios da gestão em diferentes tipos de organizações, é necessário um SIG adequado para alcançar uma série de resultados desejados.

No âmbito das principais funções da gestão, o planeamento e o controlo constituem a prossecução eficaz de objectivos organizacionais específicos. O planeamento implica a determinação dos objectivos da organização e dos meios para os atingir. Também assegura a previsão e o prognóstico do futuro. O controlo implica o estabelecimento de normas de desempenho para atingir os objectivos, a medição do desempenho em relação a essas normas e a tomada das medidas correctivas necessárias.

Este projeto envolve a operação ao registar um caso e investiga-o posteriormente.

Este projeto divide-se essencialmente em quatro módulos.

- REGISTO
- PESQUISA
- CASO
- RELATÓRIO

REGISTO

A secção Registo contém quatro sub-secções: FIR, Ovelha negra, Detalhes do crime e Investigador.

FIR

Quando o FIR é elaborado sobre o crime, a cópia original do FIR deve ser enviada ao magistrado no prazo de 24 horas.

O FIR foi registado ao abrigo da secção 154 do Cr.P.C. (Código de Processo Penal).

A primeira parte do abeto é constituída por,

1. Distrito em que se situa o local do crime ou onde ocorreu o crime.
2. Esquadra de polícia, a esquadra de polícia em causa sob a qual se encontra o local do crime.
3. FIRNO, número de série do abeto.
4. Ano.

A segunda parte do abeto contém o ato,

1. Esta secção inclui os vários actos a incluir no crime.

A terceira parte é constituída por

1. Ocorrência da infração, Dia
2. Data de e data até
3. Tempo de e tempo até
4. Número de registo de referência do diário geral
5. Tipo de informação: pode ser uma chamada telefónica, uma mensagem de fax, uma testemunha ocular ou um informador.
6. Local de ocorrência.
7. N.º de batida - cada esquadra de polícia está dividida em batida e cada batida tem um agente responsável.

- **Ovelha negra**

Na ovelha negra, guardamos as informações sobre a ovelha negra, nomeadamente o seu endereço, a situação prisional, o historial da ovelha negra e se é especialista em algum crime específico.

- **Detalhes do crime**

Na secção relativa ao crime, guardamos principalmente as informações sobre o nome do condenado, a morada, o tipo de crime, as armas utilizadas, o local, a data, o historial do crime e se o processo ainda está aberto ou não.

- **Detalhes do Investigador**

Na secção do investigador, guardamos as informações sobre o nome do investigador, a data de entrada, os casos que trata atualmente, o grau do investigador nomeado e o endereço de informação.

➢ **PESQUISA**

A secção de pesquisa é utilizada principalmente para pesquisar os dados relacionados com a ovelha negra e com o crime. Na secção do investigador, que contém principalmente a edição e a listagem de casos? Na secção de edição, podemos enumerar o número de casos tratados e os respectivos pormenores.

➢ **CASO**

Na secção do caso, que contém duas subsecções: atribuição e encerramento. Na secção de atribuição, que é utilizada para atribuir um caso a um investigador. Na secção de encerramento, que é utilizada para encerrar o processo atribuído. Nesta secção, depois de introduzir o código do processo em causa, este é retirado da lista de inspectores.

➢ **RELATÓRIO**

Na secção do relatório, que é composta por três secções: absolvição, condenação e investigador. Na secção do processo, que consiste em pormenores sobre o encerramento e a abertura do processo, e na secção do condenado, é indicada a situação prisional do condenado.

TESTE
&
IMPLEMENTAÇÃO

6. ENSAIO E APLICAÇÃO

6.1 TESTES

Os testes são um conjunto de actividades que podem ser planeadas com antecedência e conduzidas de forma sistemática. Diferentes técnicas de teste são apropriadas em diferentes alturas. O teste e a depuração são actividades diferentes, mas a depuração deve ser incluída em qualquer estratégia de teste.

Testes unitários

Os testes unitários centram o esforço de verificação na unidade mais pequena da conceção de software, ou seja, o módulo. Os testes unitários são sempre orientados para a caixa branca e a etapa pode ser efectuada em paralelo para os módulos.

Durante o teste de unidade, os testadores podem utilizar o mesmo projeto ou projectos que os programadores, se as unidades funcionais organizarem o projeto, ou se tiverem sido criados projectos separados para as unidades funcionais. O projeto ou projectos podem também ser exportados, pelo que o teste unitário pode ser realizado numa variedade de ambientes e plataformas.

Os testes unitários compreendem o conjunto de testes efectuados por um programador individual antes da integração da unidade num sistema maior. Existem diferentes tipos de testes a realizar numa unidade de programação.

Estas podem ser classificadas da seguinte forma:

- Testes funcionais
- Testes de desempenho
- Testes de esforço
- Ensaios de estrutura

Os casos de teste funcionais envolvem o exercício do código com valores de entrada normais para os quais os resultados esperados são conhecidos, bem como valores de limite e valores especiais.

O teste de desempenho determina a quantidade de tempo de execução gasto em várias partes da unidade, o rendimento do programa, o tempo de resposta e a utilização do dispositivo pela unidade de programa.

Os testes de stress são os testes concebidos para quebrar intencionalmente o limite. Pode-se aprender muito sobre os pontos fortes e as limitações de um programa examinando a maneira como uma unidade de programa é quebrada.

Os testes de estrutura preocupam-se em exercitar a lógica interna de um programa e percorrer caminhos de execução específicos para exercitar, derivar a data do teste, determinar o critério a ser utilizado, executar casos de teste.

Teste de integração

O teste de integração é uma técnica sistemática para construir a estrutura do programa e, ao mesmo tempo, efetuar testes para descobrir erros associados à interface. O objetivo é pegar em componentes testados por unidades e construir uma estrutura de programa que tenha sido ditada pela conceção.

As estratégias de integração progressiva são

□□Top-Down Integração
□□Bottom-Up Integração

Os módulos são integrados descendo pela hierarquia de controlo, começando pelo módulo de controlo principal, e os módulos subordinados ao módulo de controlo principal são incorporados na estrutura, quer em profundidade, quer em profundidade. Este tipo de teste é designado por teste de integração descendente.

O teste de integração ascendente inicia a construção e o teste com módulos atómicos. Os componentes de baixo nível são combinados em clusters e o cluster é testado. Os clusters são combinados de forma ascendente na estrutura do programa.

Testes de validação

Os testes de validação referem-se a um conjunto diferente de actividades que são realizadas para garantir que o software criado é compatível com os requisitos do cliente. Por outras palavras, estes testes dizem respeito à questão de saber se estamos a construir o produto certo. Tanto o plano como o procedimento são concebidos para garantir que todos os requisitos funcionais são satisfeitos, que todas as características comportamentais são alcançadas, que todos os requisitos de desempenho são cumpridos, que a documentação é correcta e que a engenharia humana e outros requisitos são cumpridos.

Teste do sistema

O teste do sistema é, na verdade, uma série de testes diferentes cujo objetivo principal é exercitar plenamente o sistema informático. Os testes de sistema garantem que o software criado tem a capacidade de se integrar noutros elementos do sistema. Neste caso, é efectuada uma série de testes que simulam dados errados ou outros potenciais erros na interface do software.

6.2 Aplicação

6.2.1 Ensaios de validação

Trata-se de uma série final de testes de software. É bem sucedido quando o software funciona de uma forma que pode ser razoavelmente esperada pelo cliente.

A validação do software é conseguida através de uma série de testes de caixa negra que demonstram a conformidade com os requisitos.

6.2.2 Desempenho e limitações

- Este sistema foi desenvolvido para o serviço de gestão da criminalidade.
- Com o passar do tempo, a tecnologia muda. Este sistema é flexível para se adaptar às mudanças tecnológicas, o que é muito importante. Esta é uma das questões que podem ser consideradas no futuro.
- Este sistema permite a melhor investigação criminal para o departamento de gestão da criminalidade.
- Funciona como um livro de registos. A lei é clara e foi reforçada pelas decisões dos tribunais.
- Não deve ser vago ou indefinido, mas sim fornecer factos que demonstrem a prática de uma infração cognoscível que permita à polícia, ou dar um cheiro que permita à polícia iniciar a investigação.
- Pode ser entregue a qualquer pessoa, não apenas à pessoa lesada ou a alguém em seu nome.
- Não precisa de nomear ninguém como autor ou testemunha, nem de indicar as circunstâncias da prática do crime. É simplesmente a primeira informação que põe a polícia em ação.

CÓDIGO

7. CODIFICAÇÃO

Um código é uma coleção ordenada de símbolos concebidos para fornecer uma identificação única de uma entidade ou atributo. O principal objetivo único do código é facilitar a identificação e a recuperação da informação para simplificar e realizar a codificação. O nome de uma variável deve ser escolhido de forma a que o seu âmbito, tipo de dados e reflexos possam ser fácil e claramente compreendidos. O processo de transação contém uma chave primária e chaves externas (uma ou mais). Uma tabela deve conter apenas uma chave primária, a chave externa pode ser mais.

```
Imports System.Data.OleDb
Imports System.Windows.Forms


Public Class FIR
   Inherits System.Windows.Forms.Form


Dim con As New OledbCon.GetTable
Dim firno As String
Dim dt As DataTable
Dim str As String


Private Sub Form1_Load(ByVal sender As System.Object, ByVal e As
System.EventArgs) Handles MyBase.
        Load mappath()
       Call Disabletxt(Me)
End Sub


Private Sub CmdNew_Click(ByVal sender As Object, ByVal e As System.EventArgs)
Handles CmdNew.Click

       Dim ino As Integer
       If CmdNew.Text = "New Fir" Then
          MsgBox("File a new FIR", vbInformation, "Fir")
          Try


             dt = con.GetDt("Firstinfo", path)

          Catch ex As Exception
             MsgBox(ex.Message)
             Exit Sub
```

```
End Try

        ino = dt.Rows.Count

        If ino > 0 Then
            firno = "FIR" & ino + 1
        Else

            firno = "FIR1"

        End If
        txtfir.Text = firno
        CmdNew.Text = "Save"
        Call Enabletxt(Me)

    Else

        Call check(Me)

        If c = 1 Then

            MsgBox("Blank fields.!", vbCritical + vbOKOnly, "Input Error!")

        Else

            str = objen.ExecuteNonQuery("insert into firstinfo values('" & txtfir.Text & "','"
& txtdist.Text & "','" & DTP1.Text & "','" & txtplace.Text & "','" & txtdno.Text & "'," &
txtbno.Text & ",'" & txtoname.Text & "','" & txtsname.Text & "','" & txtreason.Text & "','"
& DTP2.Text & "','" & txttime.Text & "','" & cmbinfo.Text & "','" & txtaddr.Text & "','" &
txtremark.Text & "')", path)

            If str = "1" Then

                MsgBox("Record is successfully Updated", vbInformation, "Update")

                Clear_All(Me)

            Else

                MsgBox(str)
                Exit Sub

            End If

        End If

        CmdNew.Text = "New Fir"
```

```
Private Sub CmdEdit_Click(ByVal sender As System.Object, ByVal e As
System.EventArgs) Handles CmdEdit.Click

    Dim x As String

    If CmdEdit.Text = "Edit" Then
      x = InputBox("Enter firno to Edit: ", "Search!")
      x = StrConv(x, vbUpperCase)
      dt = con.GetDt("Firstinfo", path)
      Dim dr As DataRow = dt.Rows(fin.FindIt(x, dt, 0))
      MsgBox("You can edit!", vbInformation + vbOKOnly, "Editing..!")
      txtfir.Text = dr(0)
      txtdist.Text = dr(1)
      DTP1.Text = dr(2)
      txtplace.Text = dr(3)
      txtdno.Text = dr(4)
      txtbno.Text = dr(5)
      txtoname.Text = dr(6)
      txtsname.Text = dr(7)
      txtreason.Text = dr(8)
      DTP2.Text = dr(9)
      txttime.Text = dr(10)
      cmbinfo.Text = dr(11)
      txtaddr.Text = dr(12)
      txtremark.Text = dr(13)
      CmdEdit.Text = "Update"
      Call Enabletxt(Me)

    Else

      str = objen.ExecuteNonQuery("update firstinfo set dist='" & txtdist.Text &
"',occ_day='" & DTP1.Text & "',occ_place='" & txtplace.Text & "',dia_no='" & txtdno.Text
& "',beat_no=" & txtbno.Text & ",officer='" & txtoname.Text & "',out_station='" &
txtsname.Text & "',delay='" & txtreason.Text & "',day_from='" & DTP2.Text &
"',time_from='" & txttime.Text & "',information='" & cmbinfo.Text & "',crime_add='" &
txtaddr.Text & "',remark='" & txtremark.Text & "' where firno='" & txtfir.Text & "'", path)

      If str = "1" Then

        MsgBox("Record is successfully Updated", vbInformation, "Update")
        CmdEdit.Text = "Edit"
        Call Disabletxt(Me)

      Else

        MsgBox(str)
        CmdEdit.Text = "Edit"
```

```
 End If

      End If

End Sub


Private Sub CmdExit_Click(ByVal sender As System.Object, ByVal e As
System.EventArgs) Handles CmdExit.Click
      Me.Close()

End Sub


Private Sub CmdClear_Click(ByVal sender As System.Object, ByVal e As
System.EventArgs) Handles CmdClear.Click
      Clear_All(Me)
      CmdNew.Text = "New Fir"
      CmdEdit.Text = "Edit"

   End Sub

End Class
```

CONCLUSÃO

8. CONCLUSÃO E ÂMBITO FUTURO

Este software foi desenvolvido para ser utilizado no sistema de gestão do crime. O CMS é utilizado pelo departamento de investigação para verificar os pormenores do crime e os pormenores do investigador. Com este software, o processo do CMS é fácil e reduz o trabalho manual. Ajuda a fazer o trabalho de forma eficiente, o que dará satisfação ao departamento criminal e ao investigador.

O Sistema de Gestão Criminal (SGC) é a chave para uma investigação criminal bem sucedida. O CMS é uma peça de prova altamente valiosa e vital num julgamento criminal.

A secção de registo e a secção de processos são secções muito úteis no sistema de gestão da criminalidade para punir o crime (ovelha negra) ao abrigo da lei.

FORMULÁRIOS

9. FORMULÁRIOS E RELATÓRIOS

ECRÃ DE ENTRADA

9.1 Formulários

- **Formulário de início de sessão**

Carregar o ecrã de início de sessão e verificar a autenticação do utilizador. Se a identificação do utilizador e a palavra-passe forem válidas, o utilizador entra no projeto.

- **Formulário FIR**

No formulário FIR, o utilizador pode introduzir os dados como FIRNo, Date, Occurrenceday, Datefrom Dateto, Time from, time to, Reason, Remark, Station, BeatNo. O principal objetivo deste formulário é armazenar as informações necessárias para arquivar o
FIR

- **Formulário Blacksheep**

No formulário Blacksheep, o utilizador pode introduzir dados como o código, o nome, a data de nascimento, a idade, o sexo, o estado civil, a morada e a fotografia. O principal objetivo deste formulário é armazenar as informações necessárias para identificar o criminoso.

- **Formulário do Investigador**

No formulário de investigador, o utilizador pode introduzir dados como o código, o nome, a data de nascimento, a idade, o sexo, a morada, o DOJ, o CADAR e o correio eletrónico. O principal objetivo deste formulário é armazenar as informações necessárias sobre o investigador para todos os casos.

- **Formulário CrimeDetails**

No formulário CrimeDetails, o utilizador pode introduzir dados como o código, o nome, a data de nascimento, a idade, o endereço, o código postal, o tipo, a arma, o local, o estado do processo e o historial do crime,
fotografia. O principal objetivo deste formulário é armazenar as informações necessárias sobre o crime
detalhes para conhecer os pormenores sobre o criminoso.

- **CasoFormulário de atribuição**

No formulário CaseAllotment, o utilizador pode selecionar o código do processo a partir da caixa de combinação e introduzir outros dados, como a data, o tipo, o local, o código INS_code, o nome, o cadarço e os processos.

O principal objetivo deste formulário é armazenar as informações necessárias sobre o processo de atribuição para saber quem será responsável por um determinado processo.

- **Formulário CaseClosed**

No formulário Caseclosed, o utilizador pode selecionar o Casecode a partir da caixa de combinação
O principal objetivo deste formulário é armazenar o estado do processo em
Base de dados.

FIR FORMULÁRIO

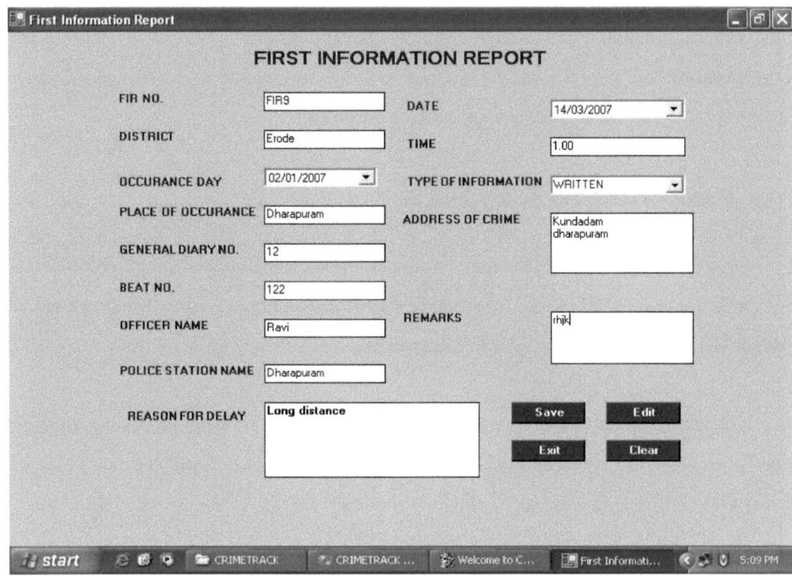

FORMULÁRIO DE OVELHA NEGRA

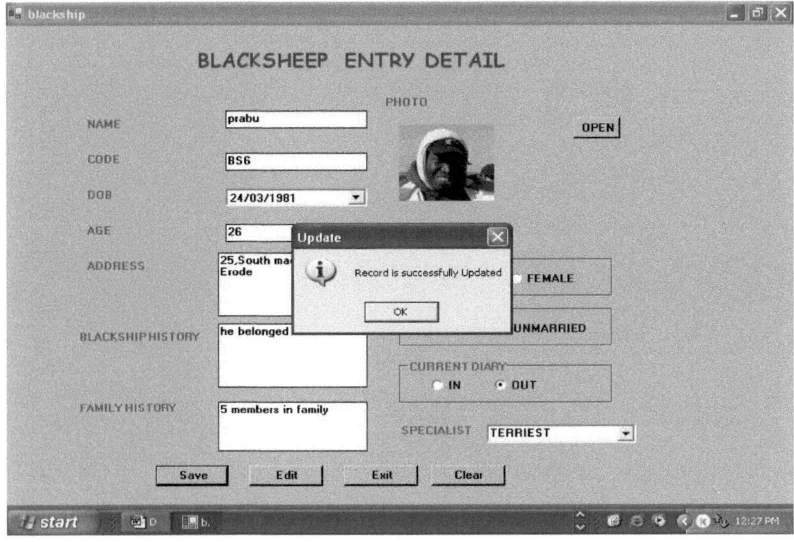

FORMULÁRIO DO INVESTIGADOR

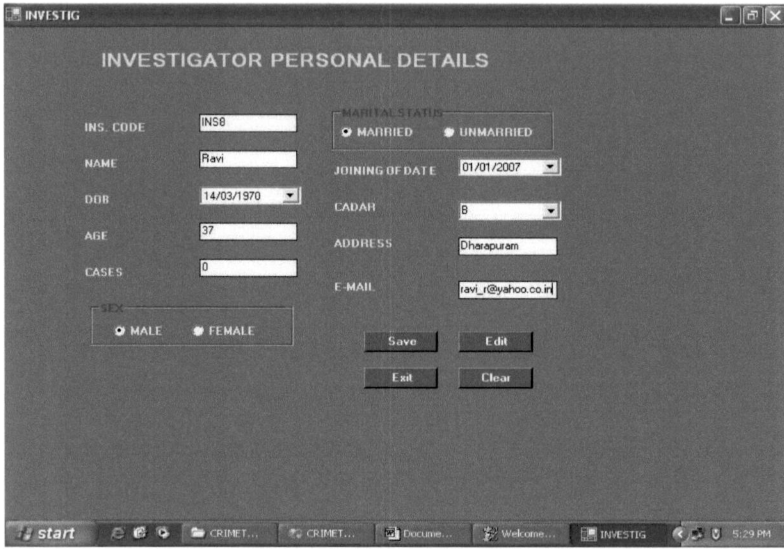

FORMULÁRIO DE INFORMAÇÕES SOBRE O CRIME

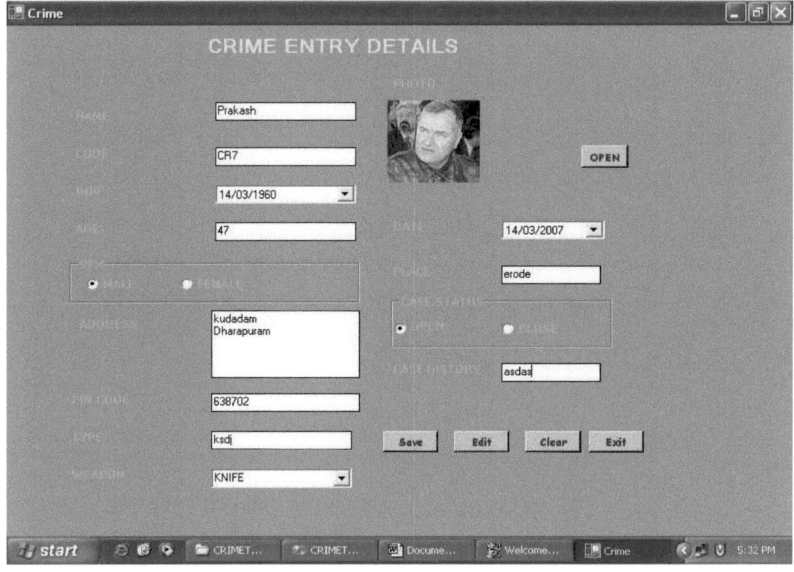

FORMULÁRIO DE PESQUISA DE ABETO

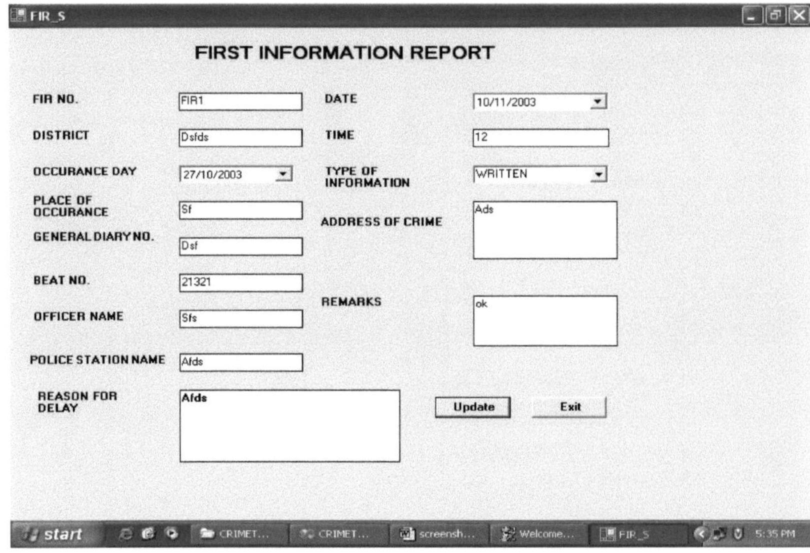

FORMULÁRIO DE PESQUISA DE OVELHAS NEGRAS

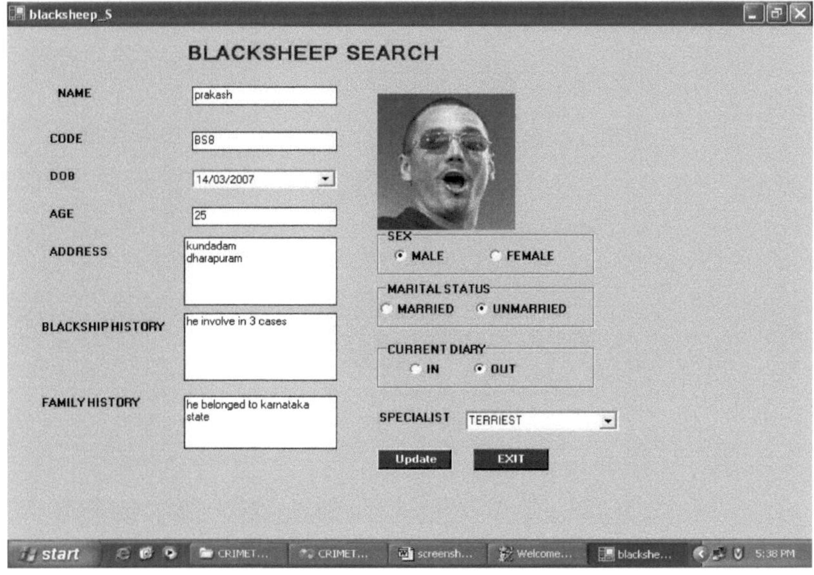

FORMULÁRIO DE ATRIBUIÇÃO DE CASOS

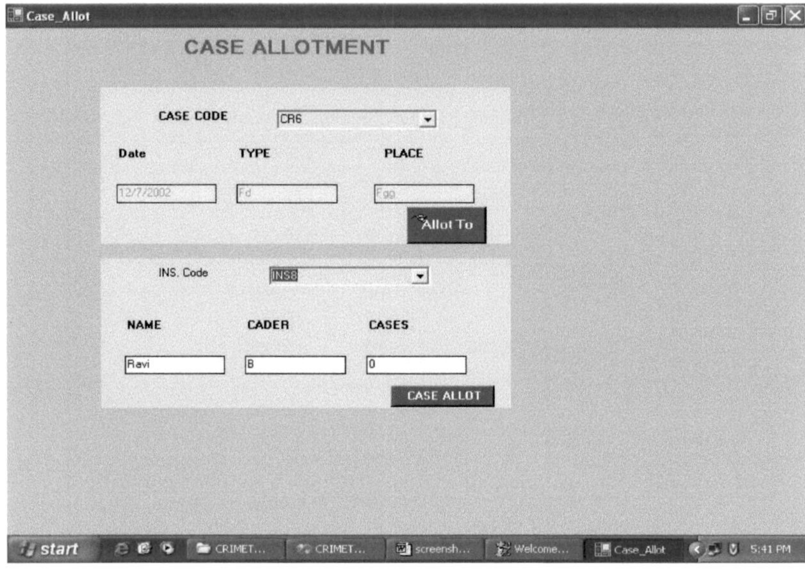

CASO ENCERRADO

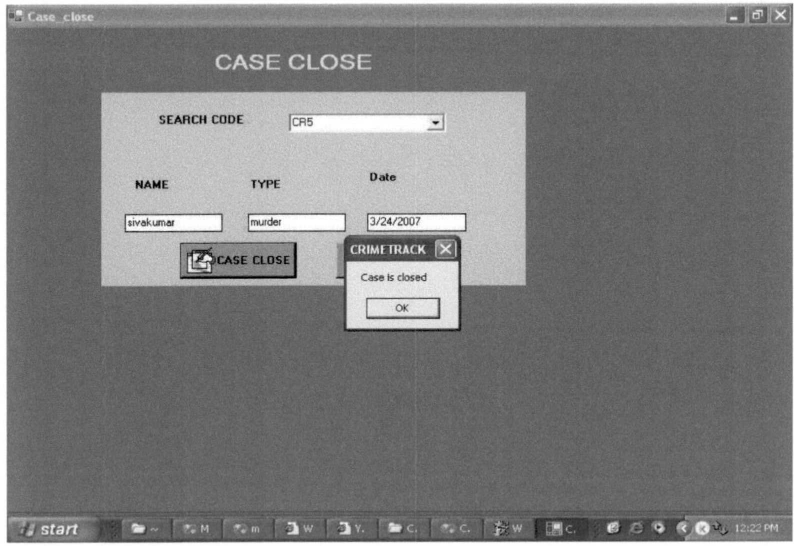

RELATÓRIOS

ECRÃ DE SAÍDA

9.2 Relatórios

- **Relatório FIR Wise**

No relatório FIR Wise será apresentado o FIRNo, a data, a hora e o local, Occurenceday,OfficerName. O principal objetivo deste relatório é saber para quantos casos o FIR pode ser apresentado.

- **Ovelha negra Relatório Wise**

Em Black Ship wise (Navio preto), o relatório será apresentado como Código, Nome, Idade, Sexo, Endereço,
O principal objetivo deste relatório é saber quantas ovelhas negras existem em nessa zona.

- **Relato de caso**

O relatório por caso apresentará os pormenores como o código do caso, o estado do caso, o nome, a idade, o local, o tipo e a morada. O principal objetivo deste relatório é saber o número de casos introduzidos nessa estação.

- **Relatório do Investigador Sábio**

No relatório Investigator Wise, serão exibidos os detalhes como INS_Code, Name, Age, Sex, Address, Cadar, Cases. O principal objetivo deste relatório é
Saber quantos investigadores existem nessa esquadra.

RELATÓRIO POR ABETO

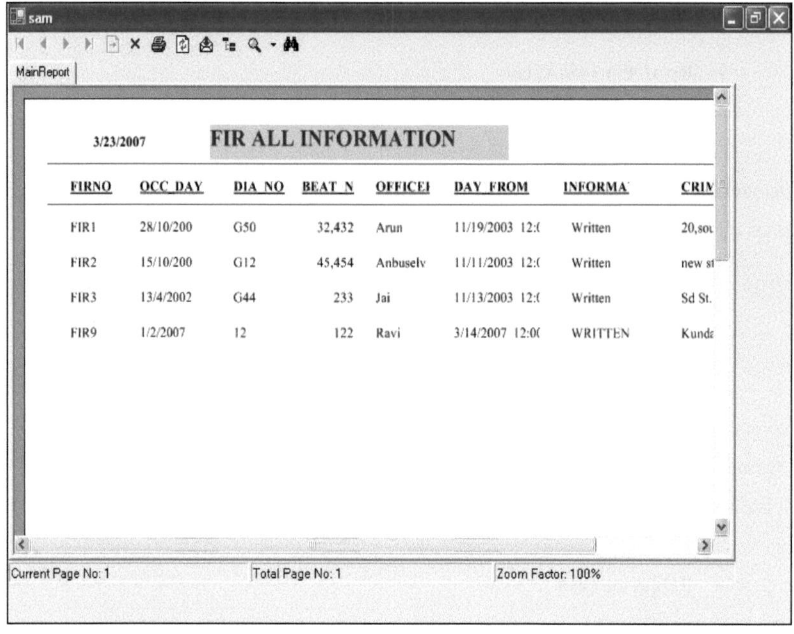

sam

MainReport

3/23/2007 **FIR ALL INFORMATION**

FIRNO	OCC_DAY	DIA_NO	BEAT_N	OFFICEI	DAY_FROM	INFORMA'	CRIM
FIR1	28/10/200	G50	32,432	Arun	11/19/2003 12:(	Written	20,sou
FIR2	15/10/200	G12	45,454	Anbuselv	11/11/2003 12:(	Written	new st
FIR3	13/4/2002	G44	233	Jai	11/13/2003 12:(	Written	Sd St.
FIR9	1/2/2007	12	122	Ravi	3/14/2007 12:0(	WRITTEN	Kunda

Current Page No: 1 | Total Page No: 1 | Zoom Factor: 100%

RELATO DE CASO

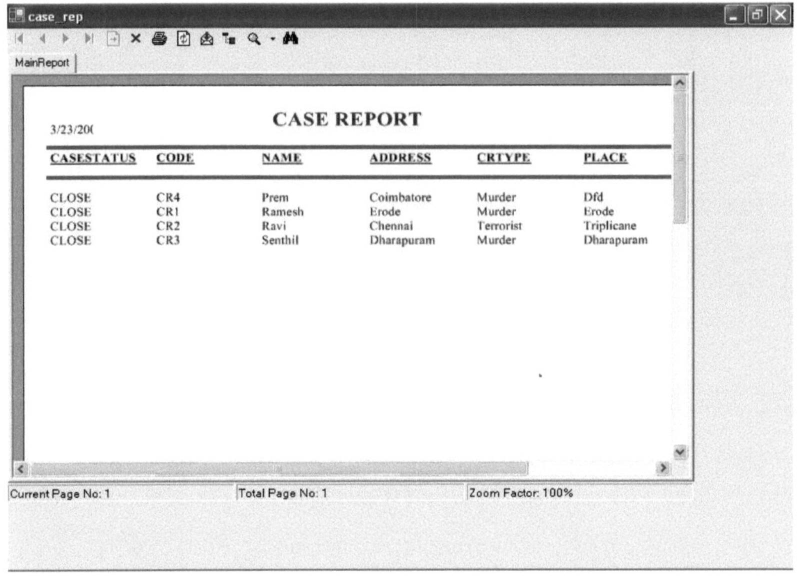

3/23/20(

CASE REPORT

CASESTATUS	CODE	NAME	ADDRESS	CRTYPE	PLACE
CLOSE	CR4	Prem	Coimbatore	Murder	Dfd
CLOSE	CR1	Ramesh	Erode	Murder	Erode
CLOSE	CR2	Ravi	Chennai	Terrorist	Triplicane
CLOSE	CR3	Senthil	Dharapuram	Murder	Dharapuram

RELATÓRIO POR INVESTIGADOR

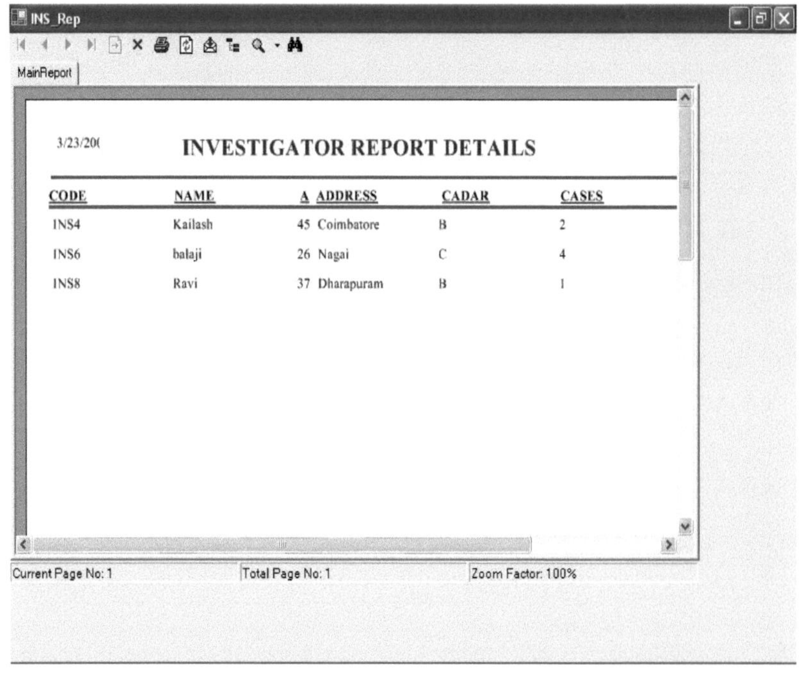

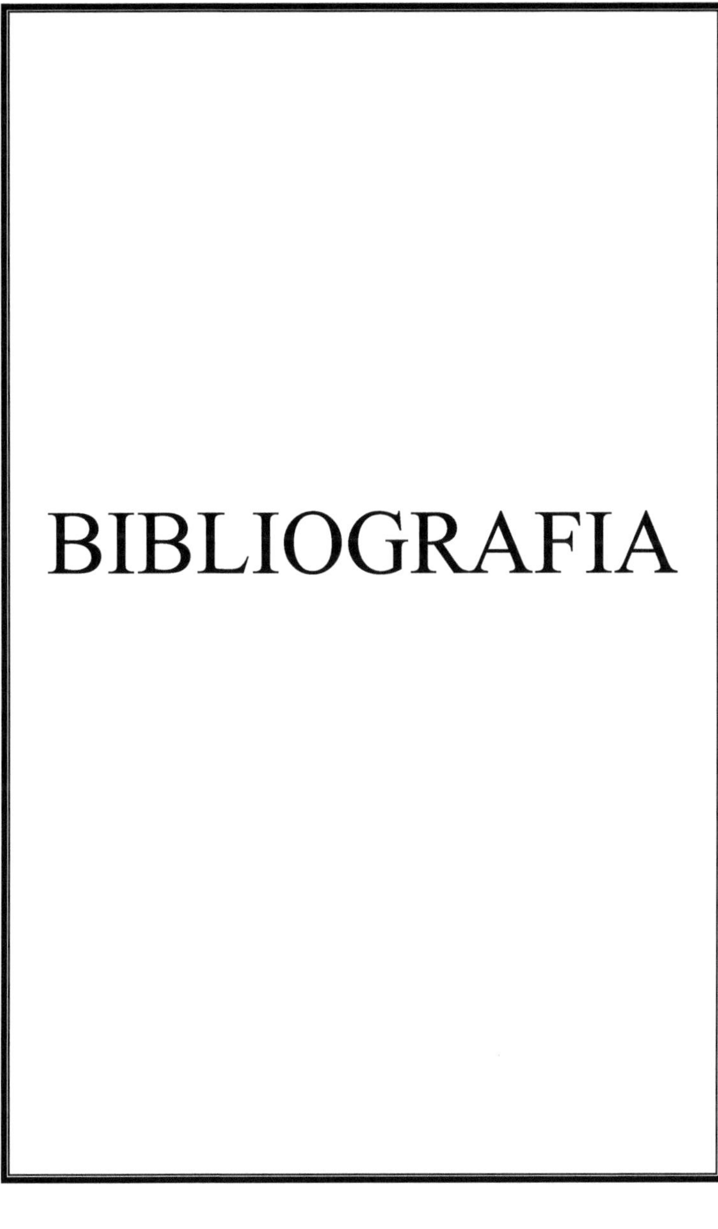

BIBLIOGRAFIA

10. BIBLIOGRAFIA

REFERÊNCIA:

Mark Spenkik, Andrew.J.Indovina, David Jung, "VisualStudio 2005", Techmedia , New Delhi, 1999

Elias M. Awad , "System Analysis and Design", Golgotha Publishers (P) Ltd., Second Editiion, New Delhi, 1992

Richards Fairley, "Conceitos de Engenharia de Software"

Eric A Smith, ValorWhister & Hank Marquis, "Visual Programming Bible (Comdex Computer Publishing)

Ms-access : Pesquisa no Google

Printed by Books on Demand GmbH, Norderstedt / Germany